KAREN CHRISTINE ANGERMAYER

Ponyhofgeschichten

ILLUSTRIERT VON MARINA KRÄMER

www.leseloewen.de

ISBN 978-3-7855-7410-2
1. Auflage 2012
© 2012 Loewe Verlag GmbH, Bindlach
Umschlagillustration: Marina Krämer
Reihenlogo: nach einem Entwurf
von Angelika Stubner
Printed in Italy

www.loewe-verlag.de

Inhalt

DER APFELDIEB 8

ROMY WEISS, WAS SIE WILL 19

BÄREN MIT VIER HUFEN 27

MAJAS ERSTER SPRUNG 35

Der Apfeldieb

ELLI HAT EIN PONY.
ES HEISST FOXY
UND IST BRAUN WIE EIN FUCHS.

JEDEN NACHMITTAG LÄUFT ELLI
ZUM PONYHOF.
FOXYS BOX IST DIE ZWEITE
AUF DER LINKEN SEITE.

AUCH HEUTE IST ELLI IM STALL
UND BÜRSTET FOXY.
IN SEINEM FELL IST VIEL STAUB.

DOCH WAS IST DAS?
WAR DA EIN RASCHELN?
ELLI SIEHT IM STALL NACH.
ES IST NIEMAND ZU SEHEN.

PLÖTZLICH HÖRT ELLI
EINE AUFGEREGTE STIMME.
DAS IST HERR BACH.
IHM GEHÖRT DER PONYHOF.

HERR BACH KOMMT AUF ELLI ZU.
ER HAT EINEN LEEREN KORB
IN DER HAND.

„DER APFELDIEB WAR WIEDER DA!",
KLAGT HERR BACH.
„DREI ÄPFEL WAREN IM KORB!
OB FOXY SIE GEFRESSEN HAT?"

HERR BACH SCHAUT FOXY
MISSTRAUISCH AN.
FOXY SCHNAUBT EMPÖRT.

ELLIS VATER IST POLIZIST.
ER LEIHT ELLI SEINE MÜTZE
UND SEINEN NOTIZBLOCK.

ELLI SETZT FOXY DIE MÜTZE AUF.
SIE SELBST ZÜCKT DEN BLOCK.
SO WERDEN SIE DEN DIEB FANGEN!

ELLI SUCHT DEN PONYHOF AB.
FOXY FOLGT IHR NEUGIERIG.
DER APFELDIEB IST SCHLAU.
ER HINTERLÄSST KEINE SPUREN!

ELLIS VATER SAGT:
„IHR MÜSST DIE LEUTE BEFRAGEN!"

ELLI SATTELT FOXY.
ZUSAMMEN REITEN SIE DURCHS DORF.
ELLI FRAGT DEN BRIEFTRÄGER
UND DEN MILCHMANN.

DIE EIERFRAU UND DEN BÄCKER.
KEINER HAT DEN APFELDIEB GESEHEN.

ELLIS VATER HAT
EINEN NEUEN VORSCHLAG:
„IHR MÜSST DEN KORB BEOBACHTEN!"

ELLI UND FOXY WARTEN.
EINE STUNDE.
ZWEI STUNDEN.
BIS ES ABEND IST.

ELLI SAGT FOXY „GUTE NACHT".
DANN GEHT SIE NACH HAUSE.

AM NÄCHSTEN TAG RUFT HERR BACH:
„DER APFELDIEB WAR WIEDER DA!"
DOCH VOM TÄTER KEINE SPUR.
VERFLIXT!

ELLI HAT DIE HOFFNUNG
SCHON FAST AUFGEGEBEN.
DA HÖRT SIE DREI TAGE SPÄTER
WIEDER DAS RASCHELN IM STALL.

ES KOMMT AUS EINER LEEREN BOX!
FOXY SCHNAUBT AUFGEREGT.

„WIR HABEN DIE APFELDIEBE!",
RUFT ELLI UND LACHT LAUT.

IM STROH LIEGEN DREI IGEL
UND JEDE MENGE ÄPFEL.
„OB MEIN PAPA IM GEFÄNGNIS
NOCH DREI PLÄTZE FREI HAT?"

Romy weiß, was sie will

„WARUM WIRD ROMY VERKAUFT?",
FRAGT TINA.

„DER HOF BRAUCHT DAS GELD",
SAGT HERR RONDORF,
DER BESITZER DES PONYHOFS.
TINA IST TRAURIG.

HEUTE KOMMT DER KÄUFER.
TINA BÜRSTET ROMYS FELL
EIN LETZTES MAL.

EINE TRÄNE TROPFT AUF DIE HAND,
DIE DEN STRIEGEL HÄLT.

DOCH DANN KOMMT ALLES ANDERS.
ROMY WEHRT SICH,
ALS SIE IN DEN ANHÄNGER SOLL.

SIE REISST SICH LOS
UND GALOPPIERT DAVON.
DER NEUE BESITZER STÖHNT:
„ICH HABE NICHT VIEL ZEIT!"

AM ABEND IM BETT
DENKT TINA AN ROMY.
WO DAS PONY WOHL IST?

DA HÖRT SIE EIN SCHNAUBEN.
VOR IHREM FENSTER STEHT ROMY!
TINA IST ÜBERGLÜCKLICH.

AM NÄCHSTEN NACHMITTAG
KOMMT DER KÄUFER WIEDER.
DOCH ROMY WILL IMMER NOCH NICHT
IN DEN ANHÄNGER.

SIE SCHLÄGT AUS UND BEISST.
„MISTSTÜCK!", KNURRT DER KÄUFER.
WIEDER LÄUFT ROMY WEG.

AM NÄCHSTEN MORGEN
STEHT ROMY FRIEDLICH GRASEND
IM GARTEN VON TINAS ELTERN.

„KANN ROMY NICHT HIERBLEIBEN?",
FRAGT TINA IHREN VATER.
DER VATER DENKT NACH.

AM NACHMITTAG KOMMT DER KÄUFER
EIN DRITTES MAL.

ROMYS AUGEN SIND VERBUNDEN.
SO SIEHT SIE DEN ANHÄNGER NICHT.
TROTZDEM WIEHERT SIE NERVÖS.
TINA HAT BAUCHWEH.

„ICH HABE NICHT VIEL ZEIT!",
RUFT DER KÄUFER ZUR BEGRÜSSUNG.
„ALSO, *WIR* HÄTTEN ZEIT!",
HÖRT TINA PLÖTZLICH IHREN VATER.
„UND WIR HÄTTEN GERN EIN PONY!"
ER ZWINKERT TINA ZU.
TINA JUBELT.

Bären mit vier Hufen

FABIA LIEBT PONYS.
AM LIEBSTEN HÄTTE SIE
EIN EIGENES.

IHR BRUDER TIM FINDET PONYS BLÖD.
VIEL ZU KLEIN.
VIEL ZU SCHWACH.
BÄREN, DIE SIND TOLL!

IN DEN FERIEN FAHREN SIE
AUF EINEN PONYHOF.
FABIA LÄUFT SOFORT IN DEN STALL.

TIM STÖHNT: „WIE LANGWEILIG!"
DA ENTDECKT ER DIE STÄMME.

DER PONYHOF GRENZT
AN EINEN GROSSEN WALD.
LANGE STÄMME
LIEGEN SAUBER AUF EINEM STAPEL.

TIM STRAHLT.
HIER KANN ER INDIANER SPIELEN!

DIE BLEICHGESICHTER GREIFEN AN!
TIM HÜPFT VON STAMM ZU STAMM.

DA PASSIERT ES:
DIE STÄMME KOMMEN INS ROLLEN.
TIMS BEIN GERÄT IN EINEN SPALT.
ER STECKT FEST!

FABIA UND DER BAUER
HÖREN TIMS SCHREIE.

SCHNELL SPANNT DER BAUER
ZWEI PONYS VOR DIE KUTSCHE.
HÜ-HOTT!
DIE KUTSCHE BRAUST LOS.

FABIA IST BESORGT.
TIM IST GANZ BLASS IM GESICHT.

DER BAUER SPANNT EINE KETTE
VON DEN PONYS ZUM STAMM.
AUF SEINEN RUF HIN
ZIEHEN DIE PFERDE AN.

DER STAMM BEWEGT SICH!
TIMS BEIN IST WIEDER FREI.

MIT DER KUTSCHE
FAHREN SIE ZURÜCK ZUM HOF.
DIE ELTERN SIND ERLEICHTERT.
WAS FÜR EIN ABENTEUER!

BEIM ABENDBROT FEHLT TIM.
FABIA LÄUFT IN DEN STALL.

TIM STEHT BEI SEINEN RETTERN.
ER GIBT JEDEM EINEN APFEL.
„DANKE", SAGT ER.
„IHR SEID BÄRENSTARK!"

Majas erster Sprung

JEDEN DIENSTAG REITEN
MAJA UND IHRE FREUNDINNEN
MIT DEN PFERDEN
VOM PONYHOF AUS.

AM LIEBSTEN REITET MAJA AUF LEXA.
LEXA IST FAST SCHWARZ.

MORGEN IN DER HALLE WIRD MAJA
ZUM ERSTEN MAL SPRINGEN.
SIE IST SCHON GANZ AUFGEREGT,
WENN SIE DARAN DENKT.

OB ALLES GUT GEHEN WIRD?
WAS, WENN SIE HERUNTERFÄLLT?

IM WALD IST ES SCHÖN KÜHL.
LEXAS HUFE RASCHELN IM LAUB.

EIN EICHHÖRNCHEN KREUZT DEN WEG.
DAS PONY WEICHT SCHNELL AUS.
HIER IM FREIEN GELÄNDE
MUSS MAN GUT AUFPASSEN.

AN EINEM BUSCH
WACHSEN BLAUBEEREN.
SIE SIND DICK, DUNKEL UND SAFTIG.

MAJA SPRINGT VON LEXAS RÜCKEN
UND PFLÜCKT EINE HANDVOLL AB.
HMMM, WIE LECKER!

DA BEMERKT MAJA,
DASS SIE SICH VERTRÖDELT HAT.
SIE SIEHT UND HÖRT
DIE ANDEREN NICHT MEHR.

MAJA STEIGT SCHNELL WIEDER AUF.
„LAUF, LEXA!", RUFT SIE.

PLÖTZLICH HEULT EINE MOTORSÄGE
GANZ IN DER NÄHE AUF.
LEXA ERSCHRICKT
UND RAST BLINDLINGS LOS.

„BRRR, NICHT SO SCHNELL!",
RUFT MAJA.

DOCH LEXA GEHORCHT NICHT.
SIE WIRD IMMER SCHNELLER!
MAJA KANN SICH KAUM HALTEN.

DA SIEHT SIE DEN STAMM.
ER LIEGT QUER ÜBER DEM PFAD.
„BRRR, LEXA, STEH!"

ABER LEXA BREMST NICHT,
SONDERN GALOPPIERT
AUF DEN STAMM ZU.

MAJAS HERZ KLOPFT SCHNELLER.
SIE NIMMT DIE ZÜGEL KÜRZER.
„SPRING, LEXA!"
UND LEXA SPRINGT ...

LEXAS HUFE LANDEN SICHER
HINTER DEM STAMM.
MAJA ATMET ERLEICHTERT AUF.

PLÖTZLICH WIRD IHR KLAR:
DAS WAR IHR ERSTER SPRUNG!
UND SIE SITZT NOCH IM SATTEL!
JETZT FREUT SIE SICH AUF MORGEN.

Karen Christine Angermayer wurde 1975 in Arnsberg im Sauerland geboren. Schon mit fünf Jahren schrieb sie Geschichten – in Indianerschrift, die niemand lesen konnte (sollte!). Heute ist sie Geschäftsführerin der Agentur Wort & Weise und arbeitet als freie Autorin, Ghostwriterin und Werbetexterin. Mehr zu der Autorin unter: www.worte-die-wirken.de

Marina Krämer wurde 1974 in Russland geboren. Als Kind bemalte sie heimlich ihre Zimmerwände mit Motiven aus ihren Lieblingsmärchen, später gestaltete sie mit ihren Zeichnungen die Schülerzeitung. Ende 1990 zog sie nach Deutschland und studierte Visuelle Kommunikation und Grafikdesign in Stuttgart. Seit 2007 arbeitet sie als freiberufliche Illustratorin und lebt mit ihrer Familie und ihrem Kater in Ludwigsburg.

Die Reihe *Lesetiger* richtet sich an Leseanfänger ab 6 Jahren. Kunterbunte Geschichten zu beliebten Themen erleichtern den Erstlesern den Start in die Welt der Buchstaben. Ganz kurze Textabschnitte in großer, gut lesbarer Fibelschrift sorgen für einen sicheren Leseerfolg; viele farbige Bilder tragen zusätzlich zum Textverständnis bei. So macht das erste Selberlesen Spaß!